LA CÔTE

ET LES

PORTS DE L'ALGÉRIE

AU POINT DE VUE DE LA COLONISATION

LECTURE FAITE AU CONGRÉS DE L'ASSOCIATION FRANÇAISE
POUR L'AVANCEMENT DES SCIENCES A ALGER

PAR M. LE C. AMIRAL MOUCHEZ

Membre de l'Institut

AVRIL 1881

PARIS

CHALLAMEL aîné, Éditeur

LIBRAIRIE ALGÉRIENNE, MARITIME ET COLONIALE

5, rue Jacob, 5

1881

LA CÔTE

ET LES

PORTS DE L'ALGÉRIE

LA CÔTE

ET LES

PORTS DE L'ALGÉRIE

AU POINT DE VUE DE LA COLONISATION

LECTURE FAITE AU CONGRÉS DE L'ASSOCIATION FRANÇAISE POUR L'AVANCEMENT DES SCIENCES A ALGER

PAR M. LE C. AMIRAL MOUCHEZ

Membre de l'Institut

AVRIL 1881

PARIS

CHALLAMEL aîné, Éditeur

LIBRAIRIE ALGÉRIENNE, MARITIME ET COLONIALE

5, rue Jacob, 5

1881

Peu de temps avant la réunion du congrès de l'Association française à Alger, j'ai reçu plusieurs invitations par lesquelles on me demandait de donner au congrès des renseignements sur la côte de l'Algérie, sur les travaux hydrographiques que j'avais exécutés pour en dresser la carte et sur les améliorations que ma connaissance toute spéciale de cette côte me permettait de proposer dans la très importante question des ports.

Jugeant en effet que l'occasion était favorable pour appeler l'attention sur cette question trop négligée jusqu'ici, mais d'un intérêt de premier ordre pour la colonisation, je me mis de suite à l'œuvre pour faire un mémoire où, passant en revue la côte d'une frontière à l'autre, j'indiquais toutes les localités où il y avait quelques travaux utiles à faire et quelles étaient à mon avis les fautes qu'on avait commises dans les travaux déjà exécutés. Malheureusement le temps manquait pour terminer ce travail qui eût été d'ailleurs trop long et trop aride pour une lecture au congrès, et au dernier moment je dus préparer une note beaucoup plus courte, résumant ce travail et indiquant brièvement ce que je crois indispensable de faire pour améliorer la situation du littoral de notre belle colonie.

Cette note pourra servir de préface au mémoire commencé et que je terminerai aussitôt que mes occupations multiples me le permettront.

LA CÔTE

ET LES

PORTS DE L'ALGÉRIE

Une des causes qui ont le plus contribué à retarder les progrès de la colonisation de notre magnifique possession algérienne et à laquelle on ne semble jamais avoir accordé toute l'attention, toute l'importance qu'elle mérite, est la mauvaise disposition topographique de ses 200 lieues de côtes au point de vue de la navigation, et la difficulté très grande qui en résulte, souvent même l'impossibilité, d'établir des communications faciles et régulières entre la terre et la mer.

Selon la forme et l'orientation d'une côte par rapport aux vents régnants, le voisinage de la mer peut être ou très favorable ou très nuisible au développement de la population riveraine et des industries maritimes qui seules peuvent donner la vie au littoral.

Si la côte découpée en baies profondes abritées du vent et de la houle du large est abordable à la batellerie, le voisinage de la mer attire les populations auxquelles elle offre de grandes facilités de communication, des moyens de transports économiques, ainsi que des ressources inépuisables en matière alimentaire et industrielle.

Si au contraire la côte est droite, battue directement par la pleine mer, la moindre brise du large rend la plage inabordable, le moindre coup de vent suffit pour détruire tout le matériel flottant qui reste sans abri; la mer n'est plus alors habitable et abandonnée par la navigation côtière, elle devient une cause d'isolement pour les populations riveraines qui tendent à s'en éloigner.

La côte de l'Algérie se rapproche malheureusement beaucoup plus de ce second type que du premier. Sur une étendue de 200 lieues entre la Tunisie et le Maroc, on ne trouve guère que 4 ou 5 baies formant des abris naturels assez sûrs pour que des navires surpris au mouillage par une tempête du Nord puissent échapper au naufrage.

On peut en plusieurs endroits suivre la côte pendant 20 à 30 lieues, sans y trouver la moindre sinuosité, le moindre abri pour le plus petit caboteur, et où il soit possible de débarquer, si le calme plat ne règne pas au large. Aussi, à l'exception du voisinage des quelques principales villes du littoral, et de la pêcherie de corail de La Calle, ne trouve-t-on nulle part de bateaux de pêche, de cabotage ou de plaisance; c'est un véritable désert qui contraste fâcheusement avec la beauté du pays en vue.

Lorsque, il y a une quarantaine d'années, la France se décida après une trop longue et regrettable hésitation à conserver définitivement l'Algérie, la première question qu'il fallait résoudre, même au prix de sacrifices budgétaires un peu lourds, était donc, non seulement la création de 4 ou 5 grands ports pour le commerce et les navires de guerre, mais aussi la création de nombreux points d'abordage tout le long de la côte; car c'était par le littoral qu'on avait le plus de facilité de commencer la colonisation, en plaçant les premiers colons débarqués entre l'armée répartie en seconde ligne sur les hauteurs du Tell, et la marine prêtant partout son puissant concours en ressources de toute nature, en approvisionnements, en transports faciles et économiques, quand n'existaient encore ni routes ni chemins de fer. C'était sous bien des rapports une idée fausse et peu réalisable de commencer la colonisation par l'intérieur du pays, loin de la mer, en établissant les nouveaux villages noyés au milieu de la population arabe, et semés un peu au hasard à la suite des expéditions allant guerroyer jusqu'aux confins du Sahara.

L'hostilité invétérée des indigènes rebelles à toute assimilation, le manque de routes, le climat, l'isolement, tout contribuait à faire avorter ou végéter ces tentatives infructueuses qui eurent un instant quelque vogue sous l'emblème populaire, mais un peu chimérique, du Soldat laboureur du maréchal Bugeaud. Dans les conditions où l'on se trouvait en Algérie, c'était au moins autant l'élément marin que l'élément militaire qu'il fallait utiliser pour commencer la colonisation, en s'appuyant sur la mer et en occupant d'abord toute la côte.

La zone littorale offre en effet sur une largeur moyenne d'une dizaine de lieues les plus précieux avantages aux émigrants européens ; tout ce territoire formé par le versant Nord du massif des montagnes qui court parallèlement à la mer dans toute l'étendue Est et Ouest de l'Algérie, semble merveilleusement préparé par la nature, pour recevoir une partie de l'excédant de la population européenne qui, étouffant sur notre vieux continent par la concurrence et la lutte pour la vie, envoie annuellement plusieurs centaines de mille émigrants en Amérique.

Le climat tempéré par les brises de mer y est un des plus beaux du monde ; le sol accidenté par les contreforts, les ravins et les cours d'eau descendant vers la mer, est d'une fertilité proverbiale, et se prête aux cultures les plus variées ; les richesses naturelles telles que mines, forêts, carrières, plantes industrielles, abondent le long de la côte et s'exploiteraient de la manière la plus économique, si celle-ci était abordable. L'expérience a démontré que sur tous les versants des terres exposés aux vents de la mer, et où le climat marin se fait sentir, la production de la vigne est deux fois plus grande que sur les terres de l'intérieur. La mer elle-même n'offre pas moins de ressources en matière alimentaire et industrielle ; c'était donc sur cette zone du littoral placée si près de nous, qu'il fallait dès le principe chercher à concentrer la colonisation, y établir le plus d'Européens possible pour refouler peu à peu vers l'intérieur la partie de la population indigène qui, par sa constante hostilité, son caractère et sa paresse naturelle, ne pouvait qu'entraver la colonisation.

Il semble évident que si, dans des conditions aussi favorables, cette contrée devenue française depuis un demi-siècle, n'a pas été envahie par l'émigration européenne, et ne compte encore que 300.000 Européens dont la moitié environ de Français, on ne peut expliquer ce résultat si peu naturel, que par des causes bien puissantes. La très fâcheuse prévention de l'autorité militaire contre l'élément civil, qui a si longtemps règné en Algérie, y a contribué certainement pour une grande part; mais si la côte avait été partout facilement praticable pour la navigation et la batellerie, elle se serait certainement peuplée depuis longtemps de nombreux Européens, malgré l'hostilité des indigènes et l'opposition latente de l'autorité sous le régime si heureusement disparu depuis dix ans; opposition qui quelquefois était poussée jusqu'à l'interdiction absolue de débarquement,

Le commandant d'une partie très importante du littoral algérien, me disait un jour, il y a une quinzaine d'années, avec la conscience du devoir bien rempli : « Depuis que je commande cette partie du territoire, je n'ai jamais autorisé un seul colon européen à s'y établir; il y en a bien un qui m'a été imposé par l'administration, mais je l'ai obligé à mettre son établissement sous le nom d'un indigène, afin que je puisse toujours rester maître de la situation. » Et comme, fort étonné de ce singulier procédé de colonisation, nous lui en demandions le motif: « Les colons, nous dit-il, sont insupportables; ils vous assomment toujours de réclamations, il leur faut des concessions, ils demandent des routes, de l'eau, des gendarmes, ça n'en finit pas; et quand on ne leur donne pas tout ce qu'ils demandent, ils crient dans les journaux contre l'autorité, tandis qu'avec les indigènes, ça va tout seul; tout marche droit, avec l'amende et la bastonnade, je viens bien vite à bout des plus récalcitrants et la tranquillité la plus parfaite règne sur tout mon territoire. » Ce triste régime ayant disparu aujourd'hui, il ne reste plus qu'à s'efforcer de faire disparaître également les obstacles naturels, dont un des plus nuisibles est l'inabordabilité de la côte, qui oppose tant de difficultés aux exploitations agricoles et industrielles.

Bien des ingénieurs et des concession naires de mines sont souvent venus me consulter depuis dix ans pour savoir sur quelle partie de la plage la plus voisine de leur concession ils pourraient
établir un embarcadère, pendant combien de temps chaque année
l'état de la mer permettrait l'accostage des bateaux et le chargement des navires, comment ils pourraient s'y prendre pour mettre
à l'abri leur matériel flottant pendant le mauvais temps. Presque
toujours nous devions reconnaître avec un vif regret, que les travaux hydrauliques à exécuter, même dans les conditions les plus
favorables, exigeaient une trop grande dépense pour les débuts
d'opérations qui, sous d'autres rapports, ne présentaient pas encore de sécurité suffisante pour supporter une si lourde charge en
dehors des frais généraux de l'exploitation; et on était obligé de
renoncer à l'entreprise.

Toutes les compagnies ne sont pas en état, comme celle des mines
de fer des *Beni Saf,* de dépenser plusieurs millions pour construire un port exclusivemeut consacré au service de la mine. C'est
évidemment à l'Etat qu'incombent les grands travaux d'appro-
priation de la côte aux nécessités de la colonisation; et tant qu'ils
ne seront pas exécutés, la plupart de ces richesses naturelles près
de la mer resteront inutiles ou bien peu exploitées. Les routes pa-
rallèles à la côte ne pourraient même pas remplacer les moyens
de transport directement par mer; elles sont en effet longues, difficiles à faire, coûteuses de construction et d'entretien, parce
qu'elles rencontrent à peu près perpendiculairement à leur direction tous les contreforts, tous les ravins, les cours d'eau descendant à la mer.

L'usage de ces routes, quand elles existent, même en assez bon
état, est d'ailleurs fort peu économique pour le transport de ma-
tières lourdes et encombrantes; car elles exigent de la part du
colon un matériel et un personnel de roulage fort coûteux, qui
serait bien plus utilement employé sur l'exploitation, si les mêmes
produits descendant à la plage par une route courte et facile à
faire, trouvaient à s'y embarquer et à profiter du bas prix des transports maritimes; cette difficulté seule a suffi pour ruiner bien des

établissements à leur début; car lorsque les prix de transports absorbent les bénéfices, toute exploitation devient impossible.

Il m'est arrivé en effet plusieurs fois pendant mes travaux hydrographiques, avant 1870, d'apercevoir, à petite distance de la mer, de belles propriétés européennes, entourées de bâtiments de service annonçant une ferme de quelque importance; et quand les nécessités de mes levés m'obligeaient à débarquer pour aller faire une station au théodolite sur les hauteurs voisines, j'étais très péniblement impressionné en ne trouvant que des ruines et un désert, là où je m'attendais à trouver une exploitation rurale ou minière en pleine prospérité; des maisons abandonnées, les fenêtres et portes ouvertes ou brisées, les étables vides d'où à mon approche s'échappait quelque chacal ou quelque maraudeur arabe, des instruments d'agriculture, des charrettes qu'on ne s'était même pas donné la peine d'emporter, annonçant d'une manière frappante la ruine complète du propriétaire.

Partout ce fait déplorable devait s'expliquer de la même manière. Un colon séduit par la beauté du pays, la fertilité du sol, et le voisinage de la mer, obtenait une concession isolée, probablement avec la promesse officielle d'une route, et dans cet espoir il dépensait tout son capital en construction, installation, achat de matériel; puis quand il croyait commencer à récolter le fruit de son travail et de ses avances, l'isolement complet, le manque de route, l'impossibilité d'exporter les produits et de faire venir économiquement tous les objets nécessaires, amenaient bientôt la ruine et l'abandon forcé de tout l'établissement; la moindre petite crique sur le littoral voisin permettant à des caboteurs de 30 à 40 tonneaux et à des petits paquebots à vapeur côtiers de venir régulièrement embarquer les produits, aurait suffi pour transformer complètement les conditions de l'exploitation et les rendre très favorables. Mais l'administration n'a jamais rien fait pour améliorer cette situation du littoral; et pour faire comprendre à quel point elle s'en préoccupe peu, à quel point la côte est négligée par les divers services qui auraient tant d'intérêt à la connaître et à s'en occuper, il me suffira de citer ce fait, qu'aucun de

ces services n'a éprouvé encore le besoin d'en avoir la carte à
grande échelle (au $\frac{1}{20000}$) que j'ai levée et dressée il y a déjà une
dizaine d'années, carte sur laquelle se trouvent les moindres détails
de la côte et des terres voisines jusqu'à 3 ou 4 kilomètres dans
l'intérieur. Une copie de cette carte en 60 feuilles a bien été exécutée
sur ma proposition en 1873 pour M. le Gouverneur Général Vice-
amiral de Gueydon, mais elle a été dispersée et perdue peu de
temps après son arrivée à Alger, et depuis lors elle n'a pas été
refaite; elle reste renfermée dans les cartons du dépôt de la Marine. Cette carte, étant à trop grande échelle pour la publication, a
été réduite au quart, (au $\frac{1}{100000}$). Je crois que cette réduction en
13 feuilles n'existe même pas en Algérie, car j'ai reçu des lettres de
quelques capitaines de port me demandant de leur envoyer la feuille
concernant leur localité.

La nécessité de créer plusieurs ports sur la côte algérienne fut
sans doute reconnue comme très urgente, dès qu'on comprit
que la France ne pouvait plus abandonner l'Algérie, et en 1843 on
nomma une commission mixte pour étudier cette question et préparer des projets d'exécution. Le résumé des travaux de cette
commission fut publié par son rapporteur M. Lieussou, ingénieur
hydrographe de grand mérite, dont le travail a reçu du temps et
des excellents renseignements qu'il contient, une apparente con-
sécration officielle qui l'a fait adopter depuis lors comme base de
tous les projets à exécuter.

Malheureusement, soit qu'on n'eût pas encore à cette époque la
notion bien exacte de ce qu'exigeait la colonisation, ni des difficultés
de la navigation sur cette côte, soit que le rapporteur, plus ingénieur que marin, n'apportât pas dans cette étude l'expérience et
l'esprit pratique indispensable d'un homme du métier, le mémoire
de M Lieussou renferme certaines erreurs qui ont eu une fâcheuse
influence sur beaucoup des travaux exécutés depuis cette époque,
parce qu'il a souvent admis la possibilité de construire des jetées
dans des localités où la violence de la mer rendait leur établissement, ou au moins leur durée, tout à fait impossible, et cela dans
le seul but de satisfaire les intérêts des villes qui réclamaient ces

jetées devant leur quai. On peut citer comme exemple le port de Tenès, qui a été complètement détruit au moment où on venait de le terminer, et qui est irréparable; c'est une perte de plusieurs millions, dont le seul résultat est d'avoir créé un écueil devant Tenès; il faut également citer le port de La Calle; mais là, la jetée fut heureusement détruite dès le commencement des travaux, quand il n'y avait encore que quelques centaines de mille francs de dépensés. Ces résultats étaient prévus d'une manière à peu près certaine, par tous les marins qui avaient pu se rendre compte de l'état de la mer dans ces localités, pendant les grandes tempêtes du Nord et du N.-O.

Dans une question aussi importante pour la prospérité et l'avenir de l'Algérie, il est indispensable que tous ceux qui s'en occupent disent franchement leur opinion, sans détours ni périphrases, qui ne servent qu'à voiler la vérité et à ménager certaines susceptibilités aux dépens de la cause que l'on défend.

Ayant passé plusieurs années à étudier minutieusement cette côte pour en dresser la carte, je me crois autorisé à affirmer que la question des ports de l'Algérie a été mal comprise et mal résolue. La position des jetées, trop souvent subordonnées à des intérêts secondaires, a été mal choisie; les ports sont beaucoup trop petits, et après avoir dépensé bien des millions, nous n'avons pas encore sur cette côte, à l'exception d'Alger peut-être, qui nous coûte une soixantaine de millions, un seul bon port satisfaisant aux principales conditions qu'on serait en droit d'exiger, après les sacrifices qu'ils ont coûté à l'Etat. Le résultat obtenu est bien minime pour le prix qu'il nous coûte.

Le mémoire auquel cette note sert de préface, établira clairement que ce jugement n'est pas trop sévère. Cette situation si regrettable s'explique d'ailleurs très facilement par ce fait, *qu'il n'y a jamais eu en Algérie d'autorité, ni de direction nautique, chargée de surveiller ces travaux au point de vue des besoins et des intérêts maritimes, qui étaient les plus urgents à satisfaire.* Parmi les diverses branches d'administration qui tiennent lieu en Algérie de nos ministères de France, il n'y en a aucune représen-

tant le ministère de la Marine, qui d'ailleurs s'est malheureusement beaucoup trop désintéressé de ces travaux.

Le contre-amiral chef de la marine à Alger n'occupe cette fonction que temporairement, comme toute autre fonction de son
grade, et on ne peut guère le considérer que comme le représentant
du ministre de la marine pour les affaires de la marine militaire ;
il n'a pas le temps, pendant son court séjour, de connaître les
besoins nautiques de la colonie et de s'y intéresser ; il n'en est pas
chargé ; on aura peine à croire que souvent il n'est ni consulté, ni
même prévenu, quand on forme des commissions nautiques pour
étudier les ports à construire.

Ces travaux ont donc toujours manqué au point de vue marin
de direction spéciale, soit dans l'ensemble, soit dans le détail de
leur exécution. — Cela explique comment les commissions dési-
gnées pour chaque nouveau travail à entreprendre et où l'élément
marin, le plus intéressé, était à peine représenté, commençaient
presque toujours par simplifier la question, en adoptant comme
base de discussion les projets de la commission de 1843, quelque
défectueux qu'ils fussent.

En l'absence d'autorité maritime compétente et responsable,
c'est évidemment au service des ponts et chaussées qu'incombe la
plus grande part de responsabilité des fautes qui ont été commises ;
cette administration, par la grosse importance budgétaire de ses
travaux, par le mérite incontesté de son personnel, a trouvé
beaucoup trop de facilité à franchir la limite de ses attributions
et à empiéter sur celles des autres services, en prenant une pré-
pondérance souvent très nuisible dans les questions qui sortent
de sa compétence. Elle a accepté ainsi une responsabilité qu'elle
aurait dû au contraire chercher à éviter, sa part de responsabilité
technique étant déjà bien assez lourde dans l'exécution d'œuvres
aussi importantes et difficiles à bien accomplir. Il est incontestable
qu'elle a adopté, modifié de sa propre autorité beaucoup de détails
importants dans la construction des ports, sans l'avis des marins,
ou tout au plus avec l'approbation de commissions locales, ne se
réunissant le plus souvent que pour accomplir une simple forma-

lité administrative et approuver des projets déjà décidés. Ce service est donc peu fondé à se retrancher derrière sa spécialité quand on critique ses travaux au point de vue nautique, en admettant même qu'il puisse rejeter sur les commissions le mauvais choix des localités; car il est au moins de sa compétence d'étudier préalablement l'état de la mer sur le point où il est appelé à construire un port, pour régler la force de résistance à donner aux jetées, ou pour déclarer que la science ne lui fournit pas les moyens de les construire assez fortes, quand il juge la mer trop violente pour pouvoir lui résister.

Dans les commissions mixtes locales nommées chaque fois qu'il s'est agi de construire un nouveau port, pour décider de la direction à donner aux travaux, on ne trouvait quelquefois à y introduire, comme représentant les intérêts et les besoins de la navigation, que le capitaine de port de la localité, officier généralement retiré du service actif, n'ayant pas toujours l'autorité et la compétence suffisantes ; bien souvent, un séjour prolongé dans la ville lui en faisait adopter les intérêts particuliers, et il lui aurait été bien difficile, en cas de désaccord, de lutter contre ces intérêts particuliers et contre l'autorité beaucoup trop prépondérante des ponts et chaussées. Il y avait bien aussi comme président, un officier supérieur de la marine; mais cet officier, venant de *France* avec une mission tout à fait accidentelle et temporaire qu'il ne connaissait pas, qu'il n'avait pas le temps d'étudier, et se trouvant en face de fonctionnaires de l'Algérie arrivant au contraire avec des projets appuyés de devis et d'arguments nombreux, ne pouvait guère se considérer que comme un président d'honneur, chargé de faire sanctionner ces projets mûrement étudiés par ceux qui étaient chargés de les exécuter.

Quand les commissions ne sont pas sérieusement organisées, elles sont presque toujours plus nuisibles qu'utiles, en donnant une apparence de discussion, d'étude et de contrôle qui en réalité n'existent pas, et en faisant disparaître toute responsabilité personnelle

Depuis les travaux de la commission de 1843, il n'a jamais

été fait une nouvelle étude d'ensemble et de détails de la question des ports de l'Algérie avec les nouveaux et importants documents qu'on a pu recueillir depuis cette époque. Les ports ont été construits un peu au hasard de cette première enquête lointaine, dans des conditions fâcheuses qui ont déjà soulevé bien des critiques et soulèveront bien plus de difficultés encore dans l'avenir.

Si l'on n'éprouve pas de plus grande déception des erreurs commises, c'est qu'en résumé le mauvais temps est exceptionnel et de peu de durée sur cette belle côte de l'Algérie; des ports même mal faits et mal situés peuvent tant bien que mal rendre le service qu'on leur demande, jusqu'à ce qu'un jour, une tempête plus forte que les autres vienne briser les jetées, comme cela est arrivé à *Philippeville, Oran, Tenès, La Calle*, et quelquefois aussi les navires mouillés à leur abri.

On réparera, sans doute, ces avaries à force de millions et de blocs de béton jetés à la mer, et on finira peut-être par rendre ces constructions à peu près solides; mais le résultat obtenu ne sera nullement en rapport avec la dépense.

Deux faits caractérisent la côte de l'Algérie au point de vue de la navigation; comme je l'ai dit plus haut, le premier, c'est qu'elle se dirige à peu près en ligne droite, directement exposée aux coups de vent de Nord et de N.-O. qui soulèvent une mer beaucoup plus grosse qu'on ne serait tenté de le croire dans un bassin aussi resserré que la Méditerranée; cela provient, sans doute, de la très grande profondeur de cette mer et de la rapidité avec laquelle décroît cette profondeur à l'approche de la terre.

Le second fait, c'est qu'elle est saine, comme disent les marins; c'est-à-dire qu'à de rares exceptions près, elle n'est bordée ni d'îlots, ni de plateaux de récifs un peu éloignés de terre, qui sur d'autres côtes donnent tant de plages abritées pour la batellerie, tant de facilité d'établir des moyens de communication précieux entre la terre et la mer.

Il était donc nécessaire de créer d'abord quatre ou cinq grands et beaux ports, assez vastes pour satisfaire à tous ces besoins du présent et de l'avenir, pouvant recevoir nos escadres, de grands navires de guerre sans gêner le commerce, accessibles en tout temps sans danger, et défendus autant que possible contre l'impétuosité des vagues de Nord et N.-O. par la saillie de la côte voisine, qui devait servir également en temps de guerre à les protéger contre un bombardement.

Le prix si élevé des jetées en blocs de béton, surtout par les grandes profondeurs, limitant forcément l'étendue qu'on peut leur donner, il est d'une extrême importance de rechercher avec le plus grand soin les baies les plus creuses et les moins battues par la mer du large, afin d'avoir le moins de longueur de jetée à construire et d'obtenir *un maximum d'espace abrité avec un minimum de dépense*. Il est également indispensable que ces jetées ne soient pas directement exposées à toute la violence de la mer.

Auprès de l'importance très grande de ces diverses conditions, il paraît évident que l'intérêt privé des villes réclamant des jetées devant leur quai est très secondaire; car il est facile de transporter des bureaux et des magasins à quelques kilomètres plus loin, tandis qu'il est impossible de changer les mauvaises conditions naturelles d'une localité.

Dans la construction d'un port, on ne doit donc se préoccuper que des intérêts de la navigation et du commerce, qui se confondent ici avec les intérêts généraux du pays, et non des réclamations des propriétaires des villes, qui ont toujours été trop écoutés depuis que la commission de 1843, sans tenir suffisamment compte des conditions capitales de la question, a admis qu'il était possible de construire des jetées devant leurs immeubles, quelque mal placés qu'ils fussent relativement à la direction des mauvais temps.

C'est ainsi qu'en construisant les jetées devant les quais d'*Oran*, de *Tenès*, de *Philippeville,* en pleine côte exposée au Nord et N.-O., on a dû leur donner une force considérable pour les rendre capables de résister autant que possible aux coups de mer et on n'y a guère réussi; en outre, la côte derrière elle étant droite, on n'a pu créer que des bassins très étroits, à peine suffisants pour les besoins actuels, mais beaucoup trop petits pour un avenir très prochain. Ils sont incapables de donner, en cas de nécessité, abri à nos escadres cuirassées ; et en temps de guerre, ils sont complètement ouverts au bombardement, sans défense utile de la côte.

Au point de vue de la navigation, leur situation est la plus mauvaise qu'on pouvait choisir, surtout celle de Philippeville dont la jetée dirigée à l'O.-N.-O. ouvre le port au fond d'un golfe précisément dans la direction d'où vient la grosse mer contournant le cap *Srigina*. Un navire à voile surpris, près de la côte, par le mauvais temps, ne peut guère venir y chercher un refuge ; car il n'est pas nécessaire d'être marin pour comprendre que c'est une manœuvre délicate et fort dangereuse pour un voilier, que peu de capitaines osent entreprendre, de venir vent arrière avec gros vent et grosse mer, chercher au fond d'un golfe l'étroite entrée d'un bassin située à quelques mètres des brisants de la côte, quand la moindre erreur ou hésitation, le moindre faux coup de barre au moment critique, peuvent occasionner instantanément la perte du navire sur les récifs voisins.

Enfin ces jetées, quelque fortes qu'elles soient, subissent et subiront probablement toujours des avaries fort coûteuses pendant les grands coups de vent de l'hiver.

Tous ces graves inconvénients eussent été évités, si on avait construit ces ports à quelques kilomètres plus Ouest, où la côte donnait un bon abri naturel, à *Stora* et à *Mers el Kébir ;* on trouvait là de belles baies où, avec une dépense tout au plus égale, on construisait des ports cinq à six fois plus vastes, suffisant au plus grand avenir commercial qu'on peut espérer pour les deux villes voisines, faciles à défendre en temps de guerre, accessibles de tout temps sans danger, et pouvant recevoir nos plus nombreuses escadres. Les jetées, en partie abritées des grandes lames du Nord-Ouest, n'avaient aucune avarie à craindre.

Les deux seules objections en apparence un peu sérieuses qu'on faisait, la distance à la ville et le manque d'emplacement pour les magasins et bureaux, étaient de peu d'importance ; car beaucoup des plus grandes places maritimes du monde ont leur port à quelques kilomètres de distance, sans que cela nuise en rien à leur prospérité ; un chemin de fer ou une voiture suffit aux négociants pour se rendre en quelques minutes de la ville à leurs bureaux.

Quant à l'emplacement des quais, l'espace abrité eût été assez vaste pour qu'il fût possible sans grands frais, et dans des conditions bien moins désastreuses qu'on veut le faire à *Philippeville*, de les établir le long des petits fonds de la plage impraticables à la navigation, en y faisant tomber les falaises voisines à l'aide de la dynamite. On y aurait trouvé toute la place nécessaire pour construire les magasins, les bureaux, docks et gares de chemin de fer ; ces travaux d'enrochement n'eussent été d'ailleurs nécessaires que sur une petite partie seulement du port. C'est un travail analogue qu'il faut faire à Philippeville, mais dans des conditions bien plus mauvaises ; la jetée se trouvant mal placée devant une partie des quais trop étroits de la ville, et une falaise terminant une montagne à pic, on avait décidé la construction d'un terre-plein de 18 à 20 hectares allant dans toute la longueur du port jusqu'aux fonds de 7 à 8^m ; on accomplissait ainsi la très grosse et irréparable faute de combler le tiers du bassin.

Le résultat économique de cette déplorable erreur pouvait se traduire ainsi : Par suite du mauvais choix de l'emplacement du port, on se trouvait obligé d'augmenter le territoire de l'Algérie de 18 hectares au prix de 400,000 fr. l'hectare, puisque les 50 hectares du bassin dont on les retranchait ont coûté une vingtaine de millions ; et le prix de revient de ces quais sera plus élevé encore, si on fait entrer en ligne de compte la gêne, les difficultés nombreuses qui résulteront dans l'avenir pour la navigation et la batellerie, de cette diminution du port dans les fonds de 4, 5 à 7 mètres très utilisables pour les petits navires.

On peut être certain *à priori* que l'idée désastreuse de combler des bons fonds pour les navires, dans un tiers d'un bassin déjà trop petit de 50 hectares, sous prétexte de faire des quais, n'est pas une idée de marin, mais bien de techniciens qui ne se rendent pas suffisamment compte par expérience des besoins et des nécessités de la marine et qui ne semblent préoccupés que de la construction et de l'utilisation de blocs de béton, ou d'entrepreneurs qui ne pensent qu'au bénéfice à réaliser sur chaque mètre cube de maçonnerie immergée.

Ces quais avaient d'ailleurs un autre inconvénient fort grave, c'est que l'ouverture du port ayant été, d'après le projet Lieussou, mais contre toutes les règles ordinaires, dirigée vers le Ouest-Nord-Ouest, d'où vient la grosse mer, la moindre houle entrant dans la passe et venant se heurter à des murailles verticales de 6 à 8^m de hauteur devait produire un ressac très violent rendant ces quais inabordables même par des vents modérés. Cette faute a donc eu encore pour conséquence fâcheuse de nécessiter la construction de nouvelles jetées coupant le port en deux pour faire une darse complètement abritée de la houle, toujours aux dépens de l'étendue libre du bassin abrité.

Ayant eu l'occasion de voir un jour des chalands occupés à combler une partie de l'intérieur du port avec d'énormes chargements de pierres sous prétexte de faire ces quais et ces traverses, avant même que la jetée extérieure fût terminée, et m'étant échoué avec mon navire dans un endroit où l'année précédente j'avais trouvé 2 ou 3 mètres d'eau de plus, je fus péniblement impressionné de voir sacrifier avec tant d'imprévoyance un bassin si chèrement conquis sur la mer, si précieux sur cette côte dénuée de tout abri, et je ne pus m'empêcher de protester contre l'exécution complète d'un projet évidemment très nuisible aux intérêts futurs de Philippeville. J'adressai un rapport à l'autorité supérieure pour demander qu'on étudiât de nouveau cette question et qu'en attendant on suspendît provisoirement cette obstruction du port, opération nullement urgente qu'on était toujours à même de reprendre plus tard, si le besoin s'en faisait jamais ressentir.

Je crois qu'on devrait admettre comme règle à peu près absolue que quand on a conquis sur la mer au prix de si grands sacrifices un bassin d'eau calme sur une côte aussi ouverte, on ne devrait jamais sous nul prétexte admettre aucun projet, aucune combinaison ayant pour résultat d'en combler une partie quelconque utile à la navigation avec des blocs de béton ; tous les quais, tous les warfs devraient y être construits sur pilotis en fer, pouvant s'enlever, se changer à peu de frais selon les besoins, et ne compromettant en rien pour l'avenir le bénéfice de l'espace conquis sur la mer.

En adressant ce rapport, je proposai en même temps des modifications qui restreignaient beaucoup les dimensions du terre-plein, en laissant libre toute la plage de l'avant-port et l'ancienne darse, ce qui devait avoir la triple utilité d'augmenter de 6 ou 7 hectares l'étendue libre pour les navires de 4 à 6 mètres de tirant d'eau, de permettre sur cette plage l'établissement de la batellerie et des industries qui s'y rapportent, et enfin d'éteindre la houle entrant dans le port par la passe ouverte à l'Ouest. Je crois qu'une partie de ces modifications a dû être adoptée d'autant plus facilement que les graves avaries survenues à la jetée, quelque temps après, ont nécessité qu'on jetât en dehors, pour la consolider, les blocs de béton qu'on commençait à jeter au milieu du port.

Quant au mauvais port d'Oran, exposé à toute la violence des vagues du Nord, ses jetées ont éprouvé à plusieurs reprises de graves avaries: il est beaucoup trop petit déjà pour le commerce actuel, et il est à peu près impossible de l'augmenter, car la jetée se trouverait prolongée devant une falaise absolument à pic ; il était impossible de choisir une plus mauvaise place pour construire un port de commerce de quelque importance. On sera condamné dans un avenir rapproché à chercher des palliatifs qui seront aussi coûteux que peu satisfaisants, et les ingénieurs auront à soutenir une lutte perpétuelle pour maintenir leur œuvre intacte contre les forces brutales de la mer; le seul avantage qu'on en aura retiré sera d'avoir donné quelque plus-value aux maisons et hôtels des quais et d'avoir évité le dérangement de quelques bureaux et magasins ; bien faibles avantages, qui seront chèrement payés plus tard.

Les travaux de port entraînent à d'énormes dépenses, peu productives s'ils sont mal conçus, et deviennent souvent des fautes irréparables ; car s'il en coûte cher pour couler des blocs de béton, il en coûte bien plus encore pour les repêcher quand ils sont mal placés ; on en a déjà fait la coûteuse expérience ; et cependant, en Algérie, le service qui exécute ces travaux agit sans contrôle, sans responsabilité réelle d'aucun genre, comme cela arrive pour les architectes de l'Etat qui dans leurs constructions se préoccupent souvent bien peu des besoins exprimés par les services pour lesquels ils travaillent. Chacun devrait être maintenu dans la limite de ses attributions et responsable de ses œuvres ; quand un capitaine vaincu par la tempête perd son navire dans un naufrage, s'il survit, il passe devant un conseil de guerre qui examine et juge sa conduite ; un ingénieur qui subit un désastre coûtant plusieurs millions à l'Etat comme celui de Tenès, ne subit même pas un conseil d'enquête, bien que sa responsabilité soit plus sérieusement engagée : cette enquête servirait au moins à déterminer la cause du désastre et serait une leçon pour l'avenir.

Il a paru nécessaire d'insister vivement sur ces faits, car on a failli recommencer la même faute, mais plus forte encore peut-être, à *La Calle*, il y a cinq ou six ans, à l'époque où mes travaux hydrographiques me conduisirent devant cette très intéressante localité ; au point de vue marin, cette petite ville si négligée jusqu'ici par l'administration des travaux publics mérite cependant une attention toute particulière ; c'est le point de l'Algérie où le mouvement des bateaux de pêche pour le corail et la sardine est le plus considérable ; 300 à 400 bateaux et plusieurs milliers de marins donnent à cette côte une animation tout à fait exceptionnelle et c'est le port le plus voisin de la Tunisie. On trouve en outre dans le voisinage de cette ville les mines de *Oum-Theboul* en exploitation, et de belles forêts de chêne-liège qui donneraient lieu à un mouvement maritime assez considérable, s'il existait un port pouvant abriter des navires en chargement ; mais comme ils sont obligés de rester mouillés en pleine côte devant de dangereux récifs, ils n'y viennent que difficilement et grevés de droits d'assurance considérables ; quand j'arrivai devant cette ville en 1873, j'y rencontrai un navire chargé de minerai qui en appareillant venait d'être jeté et brisé sur les écueils : de semblables accidents n'y sont pas rares.

Le seul abri consiste dans une mauvaise petite crique rocheuse de 3 ou 4 hectares ouverte au O.-N.-O., précisément du côté d'où vient le mauvais temps, et accessible seulement aux plus petits navires ; les 300 à 400 bateaux corailleurs et les sardiniers rallient le port en toute hâte, dès que le temps prend mauvaise apparence au large ; mais comme la mer devient rapidement fort grosse à l'entrée de la crique, elle déferle bientôt sur la barre, et les bateaux en retard ne peuvent plus la franchir sans de très grands dangers : ils sont obligés alors de fuir devant le temps et d'aller chercher un refuge à grande distance, soit à *Tabarque*, ou plus loin encore. Cette situation déplorable et les plaintes très vives et très fondées des habitants de *La Calle* avaient depuis longtemps fait décider la construction d'un port conformément au projet Lieussou, consistant dans le prolongement de la presqu'île vers le N.-O. à l'aide d'une jetée très mal conçue, dirigée justement vers les mauvais temps, comme à Philippeville.

Moyennant un million et demi ou deux, on doublait les 3 ou 4 hectares abrités de cette crique ; mais elle ne restait toujours accessible qu'aux pêcheurs ; et ouverte au mauvais temps, elle devait devenir intenable par les vents de N.-O.

La seule préoccupation qu'on semblait avoir eue en construisant cette jetée dans une si détestable situation et au milieu d'une mer extrêmement mauvaise, était de l'établir devant les quelques maisons formant le village de La Calle pour favoriser les propriétaires de la ville aux dépens des convenances les plus évidentes de la marine et du commerce.

Mais ce projet de la commission de 1843 était cette fois reconnu si défectueux, qu'après avoir proposé six ou huit modifications de détail, tout aussi défectueuses les unes que les autres, on avait toujours hésité à l'entreprendre. Cependant en 1869, poussé par les réclamations incessantes de la population de *La Calle*, on dut se décider à l'exécuter en commençant par l'établissement d'un quai le long de la presqu'île. L'effet déplorable et facile à prévoir produit par cette muraille qui facilitait l'entrée de la mer et la rendait beaucoup plus grosse au fond du port, inquiéta vivement les habitants, qui demandèrent avec instance la suspension du travail; on ne tint pas compte de cette réclamation, et bientôt après on entreprit la jetée enracinée à l'extrémité de la presqu'île. Le mauvais effet se faisait de plus en plus sentir, à mesure que le travail avançait, quand fort heureusement une tempête vint tout bouleverser et rejeter des blocs de béton jusque dans l'étroite passe du port, qui en fut sensiblement diminuée. Cette fois les réclamations des habitants, auxquels on avait déjà supprimé la crique Sainte-Marie, sous prétexte d'en faire un chantier de blocs de béton, et qui voyaient leur malheureux petit port absolument perdu par des constructions qui avaient déjà coûté 400.000 fr., furent tellement vives et pressantes, et l'erreur commise si évidente, que l'administration des Ponts et Chaussées dut enfin suspendre tout travail.

C'est à cette époque que mes travaux hydrographiques me conduisirent à La Calle, et je fus tellement étonné de la persistance qu'on avait mise à résoudre ce problème insoluble dans les conditions où il était posé, que j'adressai de suite un rapport pressant à M. le Ministre de la Marine pour le prier d'intervenir en faveur de cette très intéressante population maritime; je lui proposai de substituer au projet irréalisable en cours d'exécution un projet tout différent, mais qui semblait naturellement indiqué par la simple inspection de la localité; au lieu de dépenser un et demi ou deux millions pour faire une jetée presqu'impossible à construire, et qui aurait eu pour unique résultat, si on avait réussi à la faire, de doubler une mauvaise petite crique rocheuse de trois ou quatre hectares accessible seulement aux bateaux pêcheurs, je proposai d'en dépenser le double ou le triple pour faire, à l'abri du cap Gros, à un kilomètre plus Ouest, un vaste port de 60 à 70 hectares accessible en tout temps aux grands navires, pouvant donner un magnifique emplacement bien abrité à tous les pêcheurs de corail et de sardines, à toutes les industries maritimes, et donnant un facile débouché aux exploitations minières et industrielles des pays environnants. Ce port avait en outre le très précieux avantage de pouvoir fournir un excellent mouillage à nos grands transports et à notre escadre cuirassée, à l'extrémité de notre côte algérienne, sur la frontière de Tunisie; ce qui, dans certaines circonstances, pourrait nous être d'une précieuse utilité. Malheureusement, les affaires de l'Algérie ne concernaient pas les ministres de la métropole; et comme il n'y avait dans notre colonie aucune autorité, aucune direction spéciale à qui s'adresser, je crus devoir écrire directement au gouverneur général, que je savais toujours très vivement préoccupé de toutes les améliorations réalisables en Algérie.

Il me fut facile de faire comprendre à M. le général Chanzy tous les avantages du projet que je lui proposais de substituer à l'ancien; il me fut facile de lui faire comprendre que les jetées qui coûtent si cher doivent être faites pour compléter la fermeture des baies de bon mouillage, et non pour envelopper des pointes rocheuses, *ce qui produit un maximum de dépenses et de jetées pour un minimum d'espace abrité.* Faute déplorable qu'on se propose de renouveler aujourd'hui à Marseille en voulant établir au prix de 60 à 80 millions une jetée circulaire, enveloppant un gros cap rocheux, battu par le vent et la mer dans presque toutes les directions, au lieu de construire à moitié prix, à trois ou quatre kilomètres plus Est ou plus Ouest au fond de la baie, un port parfaitement abrité et deux fois plus vaste. — M. le général Chanzy nomma de suite une nouvelle commission, qu'il présida lui-même à sa première séance, me prévenant toutefois que je rencontrerais sans doute une vive opposition de l'ancienne commission; mais il n'en fut pas ainsi, la question était simple et évidente, surtout en présence des forts brisants de la barre de *La Calle*, pendant une tempête arrivée fort à propos lors de l'examen de la commission. Le nouveau projet adopté à l'unanimité fut soumis à toute la filière administrative et mis à exécution en 1876; mais on ne sera pas étonné d'apprendre que les prévisions du gouverneur n'ont pas été tout à fait en défaut : après son départ, les travaux ont été suspendus à peine commencés, et depuis deux ans on ne s'en occupe plus; c'est un fait déplorable à tous égards, et on ne sait à qui en attribuer la responsabilité, indifférence ou manque de bonne volonté, peut-être aussi quelque opposition sans fondement de ville rivale, qui croirait bien à tort ses intérêts compromis par ce nouveau port. En ne construisant pas cette jetée, l'administration fait le plus grand tort à cette partie si importante, si intéressante du littoral; et on perd l'occasion de faire, pour une dépense bien minime auprès de ce qu'a coûté la jetée de Philippeville, le plus beau et plus vaste port de l'Algérie, où s'établirait certainement bientôt une nombreuse colonie d'Européens attirés par les faciles moyens d'existence qu'ils y trouveraient, et où en temps de guerre nous pourrions trouver une base d'opération d'une précieuse utilité.

La faute qu'on commet en n'exécutant pas le port de La Calle a une autre conséquence fâcheuse; elle engage, me dit-on, la Compagnie de *Oum-Theboul* à imiter l'exemple de la Compagnie des *Beni-Saf* et à construire, dans le but spécial de son exploitation minière, un petit port devant la plage de *Mecida*, à quelques milles plus Est; c'est bien là encore une preuve de ce déplorable manque d'autorité et de direction nautique qui règne sur les travaux des ports algériens; en permettant aux Compagnies de faire d'une manière absolument indépendante chacune son petit port pour son service particulier, on perd une force énorme et des capitaux très précieux qui seraient bien mieux utilisés dans l'intérêt général de la colonie, si le gouvernement prenait la haute direction de ces travaux en se chargeant de la moitié des frais de construction, à la seule condition que le port serait établi dans un but d'intérêt général, dans la localité voisine la plus favorable, et librement ouvert à tous.

C'est ainsi qu'au lieu de faire le port de *Beni Saf* au pied de falaises inaccessibles où il ne peut être exclusivement utile qu'à l'exploitation de la mine, on aurait pu, en doublant s'il le fallait le prix qu'il a coûté à la Compagnie, construire à l'embouchure de la Tafna, à quelques kilomètres plus Ouest, une magnifique rade dix fois plus grande dont la jetée se trouvait en partie abritée par l'île Rachgoun, et pouvant acquérir dans l'avenir une grande importance pour le commerce qui ne manquerait pas de se faire par la belle vallée de la Tafna, s'il y trouvait un débouché économique.

Le port que la Compagnie de Oum-Theboul se propose de construire à Mecida sera une erreur de plus; il grèvera sensiblement les moyens d'action de la Compagnie, et il nuira sans profit pour elle au développement de La Calle. On dit que M. le gouverneur général n'a pas encore voulu donner son approbation à la création de ce port. Si ce refus a pour corollaire l'achèvement immédiat du port de La Calle, on ne saurait trop vivement féliciter l'autorité supérieure de cette excellente décision, qui satisfera en même temps tous les intérêts engagés dans la question.

C'est à l'Etat qu'il appartient de centraliser, de coordonner les efforts de tous dans l'exécution des grands travaux d'utilité publique et de les diriger vers un même but d'intérêt général en empêchant ces efforts individuels de s'éparpiller, de se perdre par la division; au sujet de ces travaux, il faut d'ailleurs toujours se rappeler que ce n'est pas tant le nombre de millions dépensés qu'il importe de considérer, mais bien l'emploi qu'on en fait.

La seconde et très importante question dont il fallait se préoccuper après celle de la construction de quatre ou cinq grands ports sur la côte de l'Algérie, était celle des points de débarquement à établir tout le long de cette côte, partout où la facilité de l'accès de la mer par l'intérieur du pays permettait le transport facile des marchandises à exporter ou à importer. Il fallait rechercher avec soin toutes les sinuosités de la côte, tous les caps, tous les îlots ou bandes de récifs abritant naturellement un point de la plage, pour y faire quelques enrochements, quelques petites jetées autour d'un débarcadère auquel pussent accoster des caboteurs et de petits vapeurs côtiers, et où auraient pu s'établir des pêcheurs, des constructeurs de bateaux et autres industries maritimes donnant la vie à la côte.

Il semble inutile d'insister pour faire comprendre la valeur considérable que pourraient acquérir les terres environnantes, les mines, les forêts de chêne-liège dont l'exploitation deviendrait si facile et qui sont encore inexploitées aujourd'hui.

Il ne fallait même pas attendre que la population existât pour créer tous ces petits ports, elle serait bien venue dès qu'elle aurait été assurée de moyens de communication facile, réguliers et économiques; quand les Etats-Unis ont entrepris la construction de leur immense chemin de fer transcontinental, il ne traversait que des déserts; mais la population s'est bientôt rapidement développée tout le long de cette ligne, partout où le pays offrait quelque richesse naturelle à exploiter.

En construisant ces nombreux petits ports et débarcadères qui donneront tant de valeur à la zone du littoral, nous ne ferions d'ailleurs que suivre l'exemple qui nous a été légué il y a 2000 ans par l'occupation romaine, dont on trouve tant de vestiges dans ces parages; et il est très remarquable de voir avec quel soin était choisi sur la côte l'emplacement de ces centres de population antique.

Toutes les fois qu'en suivant le rivage avec une embarcation on rencontre une pointe saillante, une baie un peu abritée, ou quelque îlot isolé du rivage, abritant un peu de la mer du large, on est à peu près certain, en débarquant et en fouillant dans les broussailles, d'y trouver quelques vestiges indiquant l'existence d'anciennes constructions et souvent aussi, au fond de la mer, des débris de constructions hydrauliques. Beaucoup de ces vestiges de l'antiquité sont peut-être encore ignorés de nos archéologues. Ce n'est évidemment qu'en rendant ainsi la côte abordable sur presque toute son étendue, que les Romains, qui avaient des moyens de navigation et de transports bien inférieurs aux nôtres, parvinrent à peupler cette contrée et à lui donner ce haut degré de prospérité attesté non seulement par l'histoire, mais par les ruines nombreuses et imposantes qu'elle nous montre encore aujourd'hui; ils ne seraient jamais arrivés à un tel résultat, s'ils avaient laissé la côte inabordable et dans l'état d'abandon où nous l'avons laissée jusqu'ici.

Nous n'avons donc rien de mieux à faire, en recommençant l'œuvre de la colonisation africaine si bien accomplie il y a vingt siècles, qu'à suivre l'exemple qui nous a été laissé et à relever sur toute la côte africaine les ruines des établissements maritimes de l'antiquité.

Mais en attendant, le besoin le plus urgent, celui auquel on pourrait dès aujourd'hui donner satisfaction sans grande dépense, serait d'établir un service fréquent et régulier de petits vapeurs côtiers ne calant que 1^m 80 à 2^m, de 60 à 80 chevaux de force, et touchant régulièrement sur tous les points de la côte accessibles où il y a quelques habitants européens d'établis pour une exploitation quelconque. Il est inutile d'ajouter que l'on ne devra nullement se préoccuper en commençant de ce que coûtera et rapportera ce service. Il est probable qu'au début il ne couvrira pas les dépenses; c'est aux frais de l'Etat qu'il devrait être établi, à l'aide d'une subvention suffisante à la compagnie concessionnaire; mais il ne tarderait certainement pas à faire ses frais.

Ce sera le moyen le plus efficace, le plus économique de développer la population sur cette côte, de donner de la valeur aux terres, en attendant le jour encore éloigné où le littoral sera sillonné de routes bien entretenues. L'argent que coûteront ces routes sera d'ailleurs bien moins profitable à la colonisation de la côte, que celui que coûterait l'organisation de ce service de petits paquebots et la construction de débarcadères bien abrités.

Je résumerai ici brièvement les conclusions à tirer de cette note et du mémoire suivant auquel elle sert d'introduction.

1° Il est indispensable de créer en Algérie une commission nautique permanente ou un service spécial chargé de centraliser les études des ports, de diriger avec esprit de suite tous les travaux qui se font sur cette côte dans l'intérêt de la marine et du commerce.

Ces travaux ont été exécutés jusqu'ici au hasard, de la manière la plus regrettable, sans direction, sans vue d'ensemble ni de détail, par des commissions temporaires locales où l'élément marin, presque exclusivement intéressé dans ces questions, était précisément le moins stable et le plus faible.

Le service des ponts et chaussées de l'Algérie, que l'on considère d'un avis unanime comme trop puissant et trop indépendant en présence de cette faiblesse de la direction nautique, devrait être maintenu dans la limite de ses attributions.

Les projets de travaux nautiques, leurs modifications, quand il y a lieu d'en faire pendant le cours de leur exécution, ne devraient jamais être entrepris que d'après l'avis de la commission supérieure basée sur les enquêtes faites auprès des marins, des négociants et armateurs, connaissant mieux que personne les nécessités auxquelles doivent satisfaire les constructions dont ils auront seuls à se servir.

2° On ne devra jamais, sous aucun prétexte, construire sur la côte d'Algérie des jetées directement exposées à toute la violence de la mer du Nord, afin d'éviter des catastrophes comme celles de *Tenès* et de *La Calle*, ou des avaries continuelles comme celles qui se reproduisent à *Oran* et *Philippeville*; car il y a fort peu d'endroits sur la côte algérienne où l'on rencontre, comme à *La Tafna* et à *Beni-Saf*, une mer assez modérée dans les mauvais temps pour qu'on puisse construire impunément en pleine côte des jetées dans des conditions économiques supportables. Il sera presque toujours facile, quand on voudra créer un port dans une localité peu convenable, de trouver dans le voisinage quelque sinuosité du littoral offrant des conditions beaucoup plus satisfaisantes, et mieux disposées par la nature. Dans le choix des emplacements des ports, on ne devra d'ailleurs jamais subordonner les projets aux intérêts privés de propriétaires riverains, s'ils sont opposés aux besoins de la navigation et du commerce. Quand ces ports seront construits, on ne devra jamais en combler des parties utiles à la navigation ou à la batellerie, sous prétexte de faire des quais, mais bien y construire des warfs en bois et fer qui rendent le même service sans compromettre l'avenir et sans perdre inutilement une partie de l'œuvre si chèrement accomplie.

3° Il est urgent de créer tout le long de la côte, partout où elle est accessible de l'intérieur par des routes carrossables, et où les accidents topographiques du rivage procurent un commencement d'abri, des débarcadères défendus de la mer par de petites jetées et des travaux d'enrochement reliant les pointes ou les écueils qui forment déjà cet abri naturel, de manière à créer de petits ports de cabotage accessibles à des bateaux à vapeur côtiers calant de 1ᵐ 50 à 2ᵐ. Quand l'abri naturel se trouvera être plus favorable, il faudra en profiter pour faire ces ports assez grands pour servir de refuge temporaire à des navires surpris par le mauvais temps dans le voisinage de la côte.

L'exécution de cette très importante mesure aura pour résultat immédiat de donner une grande valeur à beaucoup de parties du littoral, à beaucoup d'exploitations minières et forestières de peu ou de nulle valeur aujourd'hui, faute de voie d'exportation. Elle aura également pour résultat non moins important de faire naître sur cette belle côte la vie maritime, la pêche, la batellerie et toutes les industries qui s'y rattachent, et d'attirer sur la zone littorale, aujourd'hui à peine habitée en tant de points, une nombreuse population européenne, qui s'y trouvera dans des conditions plus favorables que sur tout autre point du territoire de l'Algérie. Peut-être les Arabes eux-mêmes, qui ont fourni tant de marins habiles à la piraterie barbaresque du Moyen Age, reprendront-ils le goût de la mer quand la côte sera rendue abordable, et formeront-ils une pépinière de bons matelots pour le cabotage.

4° Enfin on devra, le plus tôt possible, établir un service régulier et fréquent de petits vapeurs côtiers calant très peu d'eau et touchant sur tous les points du littoral, habités même par une seule famille européenne, sans se préoccuper au début de ce que rapportera ce service relativement à son prix de revient ; c'est un léger sacrifice à faire, mais qui exercera la plus heureuse influence sur la colonisation du littoral, et donnera une grande valeur aux concessions voisines de la mer.

On reproche souvent à la France de ne plus savoir coloniser ; il est difficile de protester malgré tout ce qui a été fait déjà, quand on voit que nous n'avons encore pu envoyer que 150.000 Français en Algérie depuis 1830, époque à laquelle existaient de vastes déserts dans le centre du continent américain et aux antipodes, où l'on trouve aujourd'hui des villes riches et florissantes comptant plusieurs centaines de mille habitants.

Pendant quarante ans, il est vrai, le régime qui nous gouvernait repoussait l'immigration européenne en Algérie, jusqu'à imaginer cette inqualifiable conception du royaume arabe ; mais les temps sont changés, et il appartient à la France républicaine de réparer les erreurs ou les mauvaises volontés du passé, en attirant par tous les moyens possibles en Algérie les Européens qui ne trouvent pas de place dans leur patrie pour développer toute leur activité et satisfaire aux besoins de la vie. Ils devront trouver dans notre belle colonie les conditions les plus favorables de travail et d'existence, et ils lui donneront bientôt en retour tout le développement, toute la haute prospérité qu'elle peut, qu'elle doit atteindre.

Quelque rebelles que soient les races indigènes à notre civilisation, elles seront bien obligées, quand elles seront débordées par une population européenne active et laborieuse, de suivre son exemple. Celles qui s'y refuseront devront reculer peu à peu, naturellement, par la force des choses, sans qu'il soit nécessaire d'avoir recours à la violence ; elles trouveront encore, dans le Sud de l'Algérie, de vastes espaces moins favorables au développement de la race européenne, mais où elles pourront continuer paisiblement leur vie primitive et pastorale, nous servant d'intermédiaires avec les populations du Sahara.

C'est aux autorités, aux représentants officiels de l'Algérie si dévoués à ses intérêts, qu'il appartient de faire connaître ses besoins, de faire valoir ses droits ; c'est à eux qu'il appartient de

lui faire accorder une plus large part dans la répartition des travaux du magnifique et patriotique programme Freycinet, où il
semble qu'elle a été un peu oubliée. Il leur sera bien facile de dé-
montrer que sur aucun autre point du territoire et des côtes de
France les sommes consacrées aux travaux hydrauliques ne
rapporteraient de plus gros intérêts à l'Etat en développement de
commerce et de richesses nationales, que celles qu'on accorderait
pour améliorer la côte algérienne, si heureusement dotée par la
nature pour les produits du sol, mais si négligée par nous.

Les Chambres viennent d'accorder un crédit de 30 millions
pour construire un port à la Réunion : cette généreuse dotation
aura pour très heureux résultat de sauvegarder la vie de bien
des marins pendant le passage des ouragans où périssent tant de
navires; c'est surtout une question d'humanité; mais une sem-
blable somme bien employée à améliorer le littoral algérien, en
dehors de la construction des grands ports, suffirait déjà à en
transformer la plus grande partie et donnerait, au point de vue du
commerce, de l'industrie et de la colonisation, des résultats beaucoup plus considérables. Cette somme serait prélevée sur les em-
prunts des projets Freycinet. Les Chambres, toujours si géné-
reuses pour l'Algérie, ne la refuseront pas ; car nous ne saurions
mieux faire aujourd'hui que de recommencer au moins ce qui a
été si habilement fait par les Romains il y a 2000 ans sur cette
côte d'Afrique, si nous voulons la doter d'un des moyens les plus
efficaces pour atteindre le même degré de prospérité et lui faire
rendre un jour au centuple les sacrifices qu'elle aura coûtés à la
mère-patrie.

LEVÉ HYDROGRAPHIQUE

DE LA

CÔTE DE L'ALGÉRIE

Par M. Le C.-Amiral MOUCHEZ

Pour répondre à la deuxième question qui m'a été posée avant le congrès, j'indiquerai ici très brièvement comment j'ai dû opérer pour exécuter le levé et le sondage de la côte de l'Algérie.

La nécessité de débarquer sur tous les points de la côte et de faire les lignes de sondage avec des embarcations marchant à l'aviron nous a obligés à ne travailler chaque année que pendant les quelques mois de calme et de beau temps, de mai à septembre. On a employé ainsi les étés des années 1868, 1869, 1870 jusqu'au mois de juillet et 1873 ; l'année 1876 a été principalement consacrée au levé des côtes de Tunis et Tripoli.

Levé de la côte. Le levé a été obtenu à l'aide de stations au théodolite faites tout le long du littoral sur tous les points dominant le rivage d'où il était possible d'apercevoir simultanément quelques signaux du réseau géodésique prolongé exprès jusqu'à la mer, et une certaine partie des contours de la côte voisine. Ces stations au théodolite ont été faites assez rapprochées les unes des autres (en moyenne plus d'une par kilomètre, 1376 stations pour 1150 kilomètres de côte) pour que chaque point du rivage ait été vu au moins de deux stations.

A chaque station, je faisais une vue cavalière représentant aussi exactement que possible tous les détails topographiques du littoral et la silhouette des terres de l'intérieur ; sur ces vues étaient portés les angles azimutaux et de hauteur de tous les points remarquables, de toutes les sinuosités du rivage à porter sur la carte. Le zéro du théodolite étant orienté dans le méridien magnétique à l'aide de sa boussole et le soleil étant observé à chaque station, on en concluait à la fois l'azimut vrai de tous les objets observés et la déclinaison de l'aiguille.

A l'aide des relèvements vrais des divers signaux géodésiques en vue et des éléments de la triangulation qui m'avaient été communiqués par le dépôt de la guerre, il a été facile de calculer la position de chaque station, soit par segments capables, soit directement à l'aide des relèvements vrais combinés avec les éléments géodésiques. Ce procédé qui nous permettait de nous rattacher continuellement à la triangulation de la guerre nous évitait de cheminer avec nos propres triangles et d'accumuler des erreurs qui auraient pu devenir importantes sur une aussi grande étendue de côte; car nous ne disposions que de petits instruments donnant la 1/2 minute, et il nous était impossible de fermer nos triangles faute de moyens de transport pour aller dans l'intérieur des terres et escalader les hautes montagnes souvent inaccessibles du côté de la mer, au sommet desquelles étaient construits les signaux géodésiques ; beaucoup de ces excursions eussent exigé plusieurs jours de marche.

Je ne pouvais d'ailleurs jamais m'éloigner du navire, qui, mouillé en pleine côte, près des brisants, était souvent obligé de lever l'ancre et de s'éloigner de terre, dès que le vent et la mer prenaient mauvaise apparence.

Chaque station a toujours été déterminée par deux ou trois triangles différents; l'accord obtenu indique que l'erreur moyenne d'un point est de 1 à 2^m correspondant à l'approximation que donnaient les divisions du théodolite : cette erreur est absolument insensible pour la construction des cartes qui étaient le seul objet de notre mission et qui ont été construites au $\frac{1}{25000}$ et publiées au $\frac{1}{100000}$. Il nous était d'ailleurs impossible de laisser sur le sol de trace permanente de nos stations, car nous n'avions ni les matériaux ni le temps nécessaires pour construire des pyramides géodésiques.

La détermination des contours du rivage était obtenue directe-

ment, soit par recoupement, soit par le calcul des triangles verticaux formés par la hauteur de la station toujours facilement
connue et l'angle de dépression relevé au théodolite. L'expérience
indique que le levé peut s'étendre de cette manière à 12 ou 15 fois
la hauteur de ces stations sans erreur appréciable.

Ce procédé, aussi exact que rapide, permet de déterminer directement à l'aide de la lunette plongeante du théodolite les points les
plus inaccessibles de la côte, que par les autres procédés on ne
peut obtenir qu'approximativement, par des opérations supplémentaires quelquefois très incorrectes.

Il est en outre fécond en résultats utiles, variés; il permet,
par exemple, de vérifier continuellement les routes et les stations
des embarcations de sondes qu'on peut relever en azimut et en
hauteur à tout instant, en enregistrant simultanément l'heure de
l'observation. Je ne puis qu'indiquer ici brièvement cette méthode
nouvelle, sans entrer dans d'autres détails et sans faire ressortir
tous les avantages qu'elle présente.

Sondages. Chaque matin, au lever du soleil, quatre embarcations
de sondes, conduites chacune par un officier, partaient en même
temps que la mienne pour faire les sondages dans les quatre directions opposées autour du navire; elles parcouraient des lignes perpendiculaires à la côte, distantes entre elles de 100 à 300 mètres
selon les fonds; et depuis la plage jusqu'aux profondeurs de 100^m,
tous les bancs, tous les écueils étaient l'objet de sondages spéciaux.
Ces lignes de sonde étaient déterminées par de fréquentes stations
au cercle comprenant un tour d'horizon, et par les relèvements simultanés pris du bord et des stations au théodolite faites à terre.

Les grandes sondes entre 100, 600 ou 800^m ont été faites par le
navire.

On a pris toutes les précautions les plus minutieuses que peut
suggérer l'expérience pour rendre ces laborieux sondages aussi
exacts que complets.

Vues de côte. Le navire avançant comme le travail d'environ

2 à 2 1/2 milles chaque jour, on a fait à chaque mouillage une vue très soignée et très complète de la côte voisine avec angles azimutaux, et de hauteurs mesurées au cercle; ces vues donnent, avec une rigoureuse exactitude, toute la topographie et la physionomie du littoral.

On a fait en outre du large, à diverses distances de terre, des vues d'ensemble et d'atterrage comprenant également toute la côte; presque tous ces dessins ont été faits sous ma direction par M. Turquet, qui par une très longue pratique de ces travaux est parvenu à les exécuter avec une grande habileté.

Il peut être intéressant, à divers points de vue, de faire connaître la somme de travail exigée par un levé de ce genre; un de nos collaborateurs, M. le lieutenant de vaisseau Boistel, qui a fait le dépouillement de tous nos registres d'observations, a trouvé les résultats suivants :

L'étendue de la côte levée est de 630 milles marins ou 1150 kilomètres environ.

Le développement des lignes de sondages parcourues par les embarcations marchant à l'aviron est de 19500 kilomètres.

Le développement de celles faites par le navire est de 3500 kilomètres.

Le nombre des sondages est de 129500.

Ces 23000 kilomètres de lignes de sondes sont fixés par 29360 stations comprenant chacune huit ou dix angles mesurés au cercle à réflexion; ces pénibles sondages ont été exécutés avec le plus grand soin par mes zélés collaborateurs, les officiers composant l'état-major du *Narval* et du *Travailleur*.

Le levé topographique des 1150 kilomètres de côte a exigé 1376 stations au théodolite et 388 stations au cercle à réflexion comprenant chacune en moyenne de 60 à 70 angles observés.

Il a été pris du bord à diverses distances du rivage 249 vues de côte, indiquant minutieusement tous les détails topographiques visibles de la mer.

Ces travaux ont été exécutés en cinq campagnes d'été, d'une

durée de deux à cinq mois, pendant lesquels le navire est resté 495 jours présent sur la côte et a fait 365 mouillages.

Ils ont produit :

1° Une carte minute au $\frac{1}{25000}$ en 60 feuilles donnant à la côte de l'Algérie un développement de 54 mètres environ qui a permis de rendre bien apparents les moindres détails du rivage.

Cette carte minute est conservée dans les archives du dépôt de la marine.

2° Cette carte étant trop grande pour la publication, on l'a réduite au quart, à l'échelle du $\frac{1}{100000}$ pour la gravure, ce qui a produit 13 feuilles particulières.

On a gravé en outre 2 feuilles générales au $\frac{1}{600000}$ comprenant l'une la côte à l'ouest, l'autre la côte à l'est d'Alger.

3° Vingt plans particuliers à l'échelle moyenne du $\frac{1}{10000}$ donnent les ports et principaux mouillages.

4° Un volume d'instructions nautiques accompagné d'un album d'une centaine de vues extraites de nos registres et réduites au 1/3 ou au 1/4 du dessin original.

En 1876, une nouvelle expédition sur l'aviso *le Castor*, a eu pour but le levé des deux Syrtes et de la baie de Tunis, qui a donné lieu à la publication de douze nouvelles cartes.

Bar-le-Duc. — Typ. de l'Œuvre de Saint-Paul, L. Philipona et Cᵉ. — 805